KB195132

이집트 상형문자 필사 노트

유성환 지음

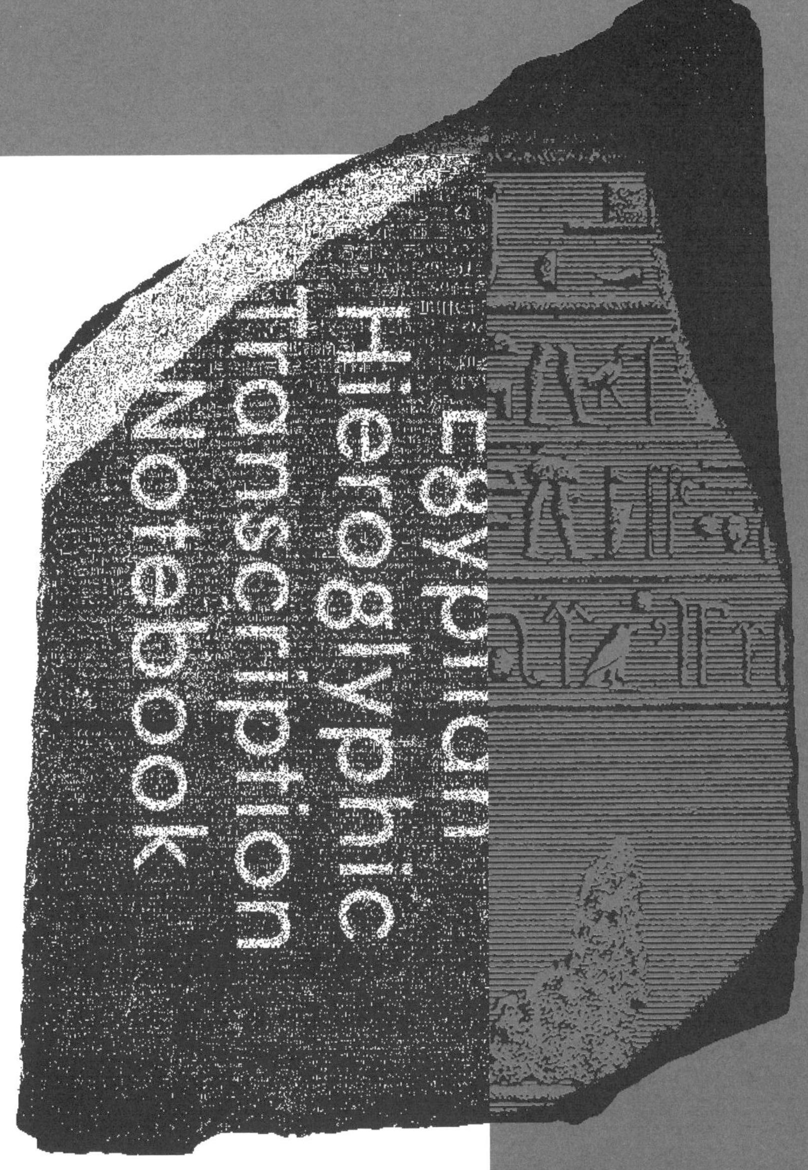
Egyptian
Hieroglyphic
Transcription
Notebook

들어가며

한때 필사 노트가 유행했던 적이 있었습니다. 대개는 그 뜻을 여러 번 곱씹을수록 생각이 깊어지고 작가의 의도가 온전하게 파악되는 동서의 고전을 원전의 언어나 번역된 한국어로 처음부터 끝까지 혹은 중요한 부분만 발췌해 베껴 쓸 수 있도록 만들어졌던 것으로 기억합니다.

글이 조금만 길어도 아예 읽지 않는 요즘의 세태에서 보자면, 길고 어려운 문장을 한 글자씩 옮겨 적는 수고가 비효율적이고 시대착오적으로 보일 수 있습니다. 그러나 진귀한 물건을 수집하듯 소중한 메시지를 긴 호흡으로 써 나가는 행위란 베껴 쓰는 입장에서는 무언가 숭고하면서도 가슴 한 편이 먹먹해지는 것처럼 귀하고 값진 경험일 수 있습니다.

백과사전 한 질에 해당하는 방대한 텍스트를 장소의 제약 없이 순식간에 전송하거나 내려받는 것이 가능한 디지털 환경 속에서, 오랜 시간과 노력이 요구되는 필사가 현대인에게 매력적으로 다가오는 이유는 무엇일까요? 저는 그 매력이 디지털 문명은 제공할 수 없는 물성物性에 있다고 생각합니다. 전자책이 출현한 뒤에도 종이책이 쉽게 사라지지 않는 이유가 종이책이 독자에게 주는 묵직한 존재감인 것과 같은 이치 아닐까요?

손에 필기구를 쥐고 종이라는 확실한 매체 위에 한 자씩 정성스럽게 써내려가노라면 몸의 움직임과 글의 전개가 하나 된 것 같은 느낌을 받습니다. 즉, 몸이 글의 흐름을 밀고 나간다는 구체적이고 충만한 감각을 경험할 수 있는 것입니다. 손의 감촉은 또한 뇌를 자극합니다. 읽은 것을 글로 옮기면 여러 번 반복해서 읽은 것과 같은 효과를 거둘 수 있습니다. 동시에 처음 읽었을 때는 정확하게 이해하지 못했던 것이 어느 순간 명료하게 보일 때도 있습니다.

문법 공부를 마치고 이집트 상형문자 텍스트를 본격적으로 읽기 시작했을 때, 저는 제가 읽은 모든 문장을 노트에 적는 것을 원칙으로 삼았습니다(상형문자는 보다 정확하게 말하자면 '신성한 글자'를 뜻하는 '성각문자'라고 불립니다). 성각문자는 워드프로세서 같은 프로그램으로 쉽게 구현할 수 있는 문자 체계가 아니었습니다. 따라서 단어를 점검하고 문장을 분석하려면 종이에 써보는 것이 최선이었습니다. 게다가 다른 문자와 마찬가지로 성각문자 또한 쓸수록 더 바르고 정확하게 쓸 수 있었습니다.

수천 년 전 지구 반대편에 살았던 이름 모를 서기관이

남긴 텍스트가 제 손끝에서 다시 재현된다는 것도 필사의 또 다른 매력이었습니다. 한동안 집중해서 일정 분량을 옮겨 쓰고 나면 제가 자부심 넘쳤던 고대 서기관의 일원으로 받아들여진 것 같아 뿌듯하기까지 했습니다. 텍스트를 읽고 파악하는 것이 제법 익숙해진 다음부터는 필사를 그만두고 음역만 했습니다만, 여유 있을 때마다 성각문자를 베껴 쓰는 즐거움을 맛보곤 했습니다.

인쇄술이 널리 확산되기 전까지 필사는 지식과 지혜의 보고寶庫라고 할 수 있는 책을 소유하거나 보급할 수 있는 유일한 방법이었습니다. 이런 상황은 고대 이집트도 마찬가지였습니다. 인류 역사상 가장 먼저 문자문화를 향유했던 서기관들은 자신이 소유하고 싶은 문서가 있으면 그것을 어디선가 빌려와서 처음부터 끝까지 베껴 썼습니다. 그렇기 때문에 이집트 서기관들에게는 "전체 텍스트가 처음부터 끝까지 정확하게 필사되었다."는 것을 밝히는 '결구結句'의 전통이 있었습니다. 필사된 글은 대개 서사문학 작품이었지만, 의학이나 수학 지식이 담긴 실용서가 포함되는 경우도 적지 않았습니다.

서기관들은 이렇게 필사한 문서를 소중하게 간직했다가 죽은 다음에는 자신과 함께 부장副葬하도록 했습니다.

파피루스에 쓰인 기록을 포함해 이집트인이 남긴 텍스트 중 90퍼센트 이상이 세월의 무게를 견디지 못하고 소실되었다는 사실을 생각하면, 현대의 문헌학자들이 서기관의 무덤에서 종종 출토되는 각종 문헌을 귀한 금속이나 보석으로 제작된 그 어떤 유물보다 소중하게 생각한다는 것도 충분히 이해하실 수 있을 것입니다.

《최초의 소설 시누헤 이야기》가 출간된 후 고대 이집트의 문장을 독자들이 직접 쓰고 체험할 수 있는 필사 노트를 제작해보자는 제의를 받았습니다. 성각문자 텍스트를 옮겨 적는 것에서 적지 않은 즐거움을 경험했던 저로서는 반가운 제의였습니다. 좋은 경험을 공유하는 것은 언제나 즐거운 일이고, 이집트학을 비롯한 고대 근동의 여러 학문 분과에 대한 대중의 인식이나 연구 환경이 여전히 척박한 상황에서, 이집트 성각문자의 매력을 널리 알릴 수 있다는 것 또한 시도해볼 가치가 있는 일이라는 생각이 들었기 때문입니다.

하지만 성각문자 텍스트로 필사 노트를 제작할 때 가장 마음에 걸렸던 것은 성각문자가 무척 배우기 어려운 체계라는 사실이었습니다. 성각문자는 인류가 최초로 고안한

동시에 가장 복잡하고 난해한 문자 체계입니다. 일반적으로 사용되던 문자의 수는 시대에 따라 600개에서 1,000개에 달했고 하나의 문자가 음을 표시하는 문자(표음문자)와 뜻을 나타내는 문자(표의문자)로 동시에 사용될 수 있었습니다. 문자를 결합하는 방법도 독특했기 때문에 문자를 마구잡이로 연결한다고 단어나 문장이 만들어지는 것도 아니었습니다.

체계가 복잡했기 때문에 고대 이집트에서 서기관이 되기 위해서는 대략 10년에 걸쳐 꾸준히 공부해야 했습니다. 결과적으로 중산층 이상의 재력과 지위를 가진 사람들만이 자녀를 서기관 양성소에 보낼 수 있었습니다. 고대 이집트 역사 전반에 걸쳐 글을 읽고 쓸 줄 아는 사람의 비중은 전체 인구의 10퍼센트 미만이었을 것으로 추정됩니다. 글을 읽고 쓰는 능력이 대단한 특권이었기 때문에, 서기관들은 어렵고 복잡한 문자 체계를 개선해 보다 많은 사람이 사용할 수 있도록 하는 일에는 전혀 관심이 없었습니다.

이렇게 이질적인 문자 체계를 설명하고 또 쉽고 재미있게 필사를 즐길 수 있도록 돕는 방법을 찾는 것이 간단하지는 않아 보였습니다. 하지만 필사가 일단 무작정 베껴 쓰는 것을 전제로 한다는 데까지 생각이 미치니, 좋은 문장을 추려내 제시해드리는 것만으로도 충분하지 않을까 싶었습니다. 서기관이 되고자 했던 이집트의 어린이들이 그랬던 것처럼 일단 펜을 들어 그림이나 다름없는 문자를 하나씩 정성껏 써보시기 바랍니다. 그 과정에서 제가 대학원 시절 그랬던 것처럼 고대 이집트 문명이 여러분의 손끝에서 재탄생하는 경이로움을 경험하신다면, 지은이인 저로서는 그보다 더 큰 기쁨과 보람이 없겠습니다.

2024년 10월

유성환

차례

일러두기

- 상형문자(성각문자)는 별도의 획이 정해져 있지 않습니다. 문자를 그대로 따라 쓰시면 됩니다. 두 개 이상의 문자가 연달아 있을 때는 사각형을 상정하고 그 속에 채워넣는 식으로 씁니다.

  예 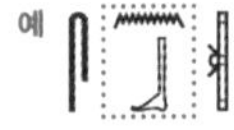

- 필사할 문장 아래에 삽입한 성각문자 단어의 알파벳(예: *ʿnḫ*)은 음역 기호입니다. 자세한 내용은 〈부록. 고대 이집트의 신비한 문자〉를 참고하시기 바랍니다.

- 이 책에 삽입된 성각문자는 성각문자 텍스트 전용 오픈소스 편집기인 JSesh를 사용해 생성했습니다. JSesh에 대한 더 자세한 정보는 다음 사이트를 참조하시기 바랍니다.

  https://jsesh.qenherkhopeshef.org

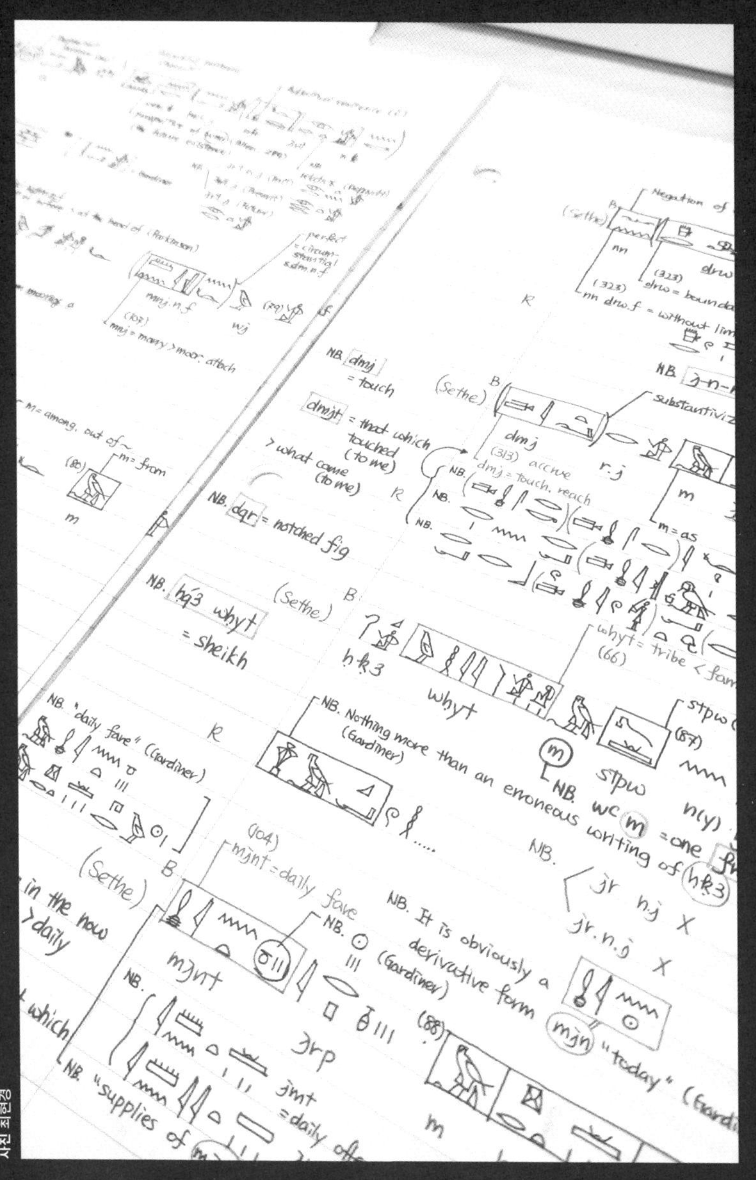
Negation of
(Sethe)
nn
drw
(323)
drw = bounda
(323)
nn drw.f = without lim
NB.
perfect
= circum-
stantial
sdm.n.f
mnj.n.f
(107)
mnj = many > moor, attach
NB. dmj
= touch
dmjt = that which
touched
(to me)
> what came
(to me)
(Sethe)
B
substantiviz
dmj
(313) arrive
dmj = touch, reach
r.j
m=as
M= among, out of ~
(80)
m= from
m
NB. dqr = notched fig
NB. hq3 whyt
= sheikh
(Sethe)
B
h.k3
whyt
whyt = tribe < fam
(66)
stpw
(87)
NB. "daily fare" (Gardiner)
NB. Nothing more than an erroneous writing of
(Gardiner)
m
stpw
NB. wc m = one
n(y)
NB.
jr h.j X
jr.n.j X
(104)
mjnt = daily fare
(Sethe)
B
in the now
> daily
NB. It is obviously a
derivative form
mjn "today" (Gardi
(Gardiner)
mjnt
NB.
3rp
(88)
which
jmt
= daily offe
NB. "supplies of
m

사진 최헌경

지은이는 이렇게 필사했습니다.

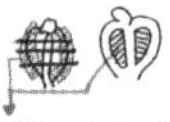

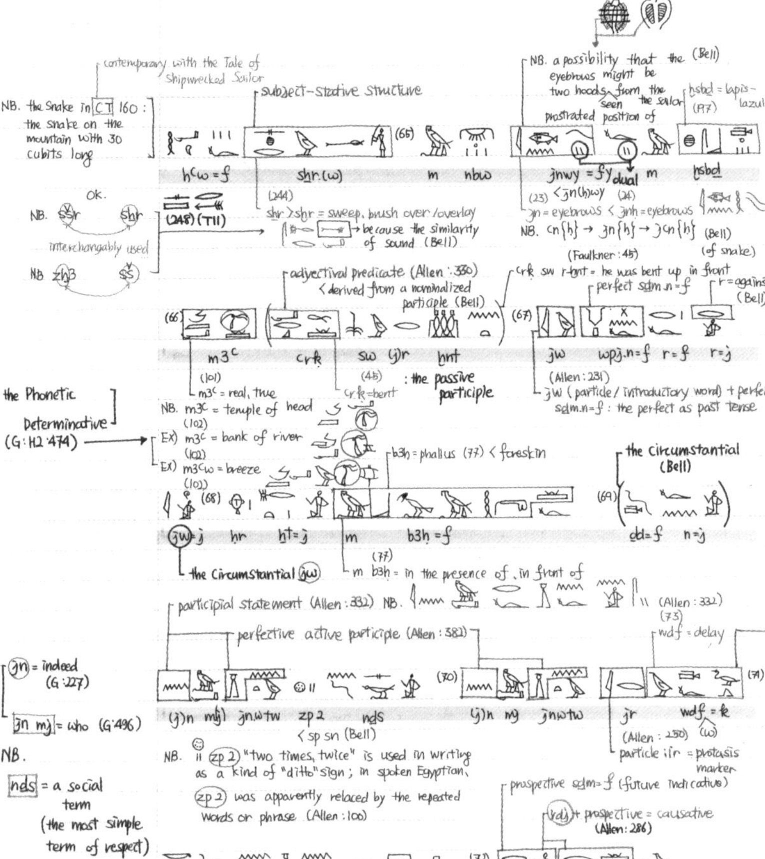

NB. the Snake in CT 160 : the snake on the mountain with 30 cubits long
(CT: contemporary with the Tale of Shipwrecked Sailor)

subject-stative structure

NB. a possibility that the eyebrows might be two hoods, seen from the prostrated position of the sailor (Bell)

ḫsbḏ = lapis-lazuli (197)

(65) h^cw=f sḏr.(w) m nbw jnwy=fy (dual) m ḫsbḏ

(244) sḏr > sḏr = sweep, brush over/overlay
→ because the similarity of sound (Bell)

(23) < jn(h)wy (24)
jn = eyebrows < jnh = eyebrows
NB. cn{h} → jn{h} → jcn{h} (Bell) (of snake)

NB. ssr ~ sḏr : interchangably used. OK.
NB. zḫ3 ~ ss
(248) (T11)

adjectival predicate (Allen: 330) < derived from a nominalized participle (Bell)

crk sw r-ḫnt = he was bent up in front (Faulkner: 45)

perfect sḏm.n=f

r = against (Bell)

(66) m3^c (crk sw (j)r ḫnt) (67) jw wpj.n=f r=f r=j

(101) m3^c = real, true

(45) crk = bent : the passive participle

(Allen: 231) jw (particle/introductory word) + perfect sḏm.n=f : the perfect as past tense

the Phonetic Determinative (G: H2 474)

NB. m3^c = temple of head (102)
EX) m3^c = bank of river (102)
EX) m3^cw = breeze (103)

b3ḥ = phallus (77) < foreskin

the Circumstantial (Bell)

(68) jw=j ḥr ḫt=j m b3ḥ=f (69) (ḏd=f n=j)

the Circumstantial jw

(77) m b3ḥ = in the presence of, in front of

participial statement (Allen: 332) NB. (Allen: 332)

perfective active participle (Allen: 382)

(73) wdf = delay

(j)n = indeed (G: 227)

jn mj = who (G: 496)

(j)n mj jn.n.tw zp 2 nds (70) (j)n mj jnn.tw (71) jr wdf=k (w)

< sp sn (Bell)

(Allen: 250) particle ir = protasis marker

NB. nds = a social term (the most simple term of respect)

NB. zp 2 "two times, twice" is used in writing as a kind of "ditto" sign; in spoken Egyptian, zp 2 was apparently relaced by the repeated words or phrase (Allen: 100)

prospective sḏm=f (future indicative)

rdj + prospective = causative (Allen: 286)

m ḏd n=j jn tw r jw pn (72) rdj=j rḫ=k tw (yourself)

(w)

subjunctive: dj (246)
prospective: rdj (286)

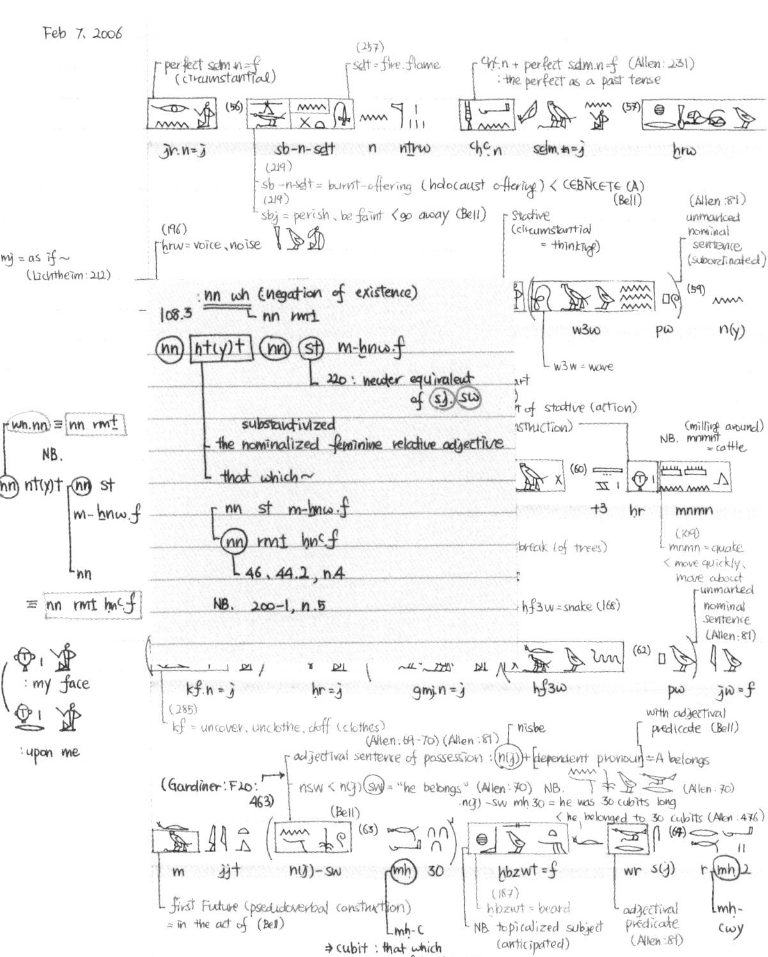

Feb 7. 2006
perfect sdm.n=f (circumstantial)
(257) sdt = fire, flame
ꜥḥꜥ.n + perfect sdm.n=f (Allen: 231) : the perfect as a past tense
jr.n=j
sb-n-sdt
n
nṯrw
ꜥḥꜥ.n
sdm.n=j
ḫrw
(219) sb-n-sdt = burnt-offering (holocaust offering)
(Bell)
(219) sbj = perish, be faint < go away (Bell)
(196) ḫrw = voice, noise
- mj = as if ~ (Lichtheim: 212)
Stative (circumstantial = thinking)
(Allen: 81) unmarked nominal sentence (subordinated)
: nn wn (negation of existence)
108.3
nn rmt
nn nt(y)t nn st m-ḫnw.f
220 : neuter equivalent of sj, sw
substantivized
the nominalized feminine relative adjective
that which~
nn st m-ḫnw.f
nn rmt ḥnꜥ.f
46, 44.2, n.4
NB. 200-1, n.5
wn.nn ≡ nn rmt
NB.
nn nt(y)t nn st m-ḫnw.f
nn
≡ nn rmt ḥnꜥ.f
w3w
pw
n(y)
w3w = wave
of stative (action)
construction)
(milling around) NB. mnmnt = cattle
+3
ḥr
mnmn
break (of trees)
(109) mnmn = quake < move quickly, move about
hf3w = snake (168)
unmarked nominal sentence (Allen: 81)
: my face
: upon me
kf.n=j
ḥr=j
gmj.n=j
hf3w
pw
jw=f
(285) kf = uncover, unclothe, doff (clothes)
with adjectival predicate (Bell)
(Allen: 69-70) (Allen: 81)
nisbe
adjectival sentence of possession : n(j) + dependent pronoun = A belongs
(Gardiner: F20: 463)
nsw < n(j) sw = "he belongs" (Allen: 70) NB.
(Allen: 70)
n(j)-sw mḥ 30 = he was 30 cubits long
< he belonged to 30 cubits (Allen: 476)
(Bell)
m
jjt
n(j)-sw
mḥ
30
ḫbzwt=f
wr
s(j)
r
mḥ 2
first Future (pseudoverbal construction) = in the act of (Bell)
mḥ-ꜥ
⇒ cubit : that which fills the arm
(187) ḫbzwt = beard
NB. topicalized subject (anticipated)
adjectival predicate (Allen: 81)
mḥ-ꜥwy

고대 이집트의
신비한 문장

1. 축복의 문장

고대 이집트인들은 우리보다 훨씬 짧은 삶을 살았습니다. 이들의 평균 수명은 마흔 살을 넘지 않았습니다. 짧았던 삶이 언제나 만족스러웠던 것도 아니었습니다. 이집트의 문명이 아무리 찬란했더라도 현대를 사는 우리가 공기처럼 누리고 있는 문명과는 그 질과 양에서 비교가 되지 않았습니다. 이집트인들이 남긴 편지를 보면 안부를 묻는 상대에게 이렇게 말합니다. "오늘은 좋다. 내일은 신의 손에 있을 것이다." 많은 것이 불확실한 상황에서 그들이 의지할 수 있었던 것은 신의 가호와 축복이었습니다.

이런저런 행사에서 성각문자로 참가자 분들의 성함을 써드렸던 경우가 있었습니다. 그런데 종종 성함 대신 축복의 문구를 부탁하시는 분들이 계셨습니다. 부탁대로 "가족 모두 건강하기를."이나 "항상 행복하기를." 같은 문장을 지어내서 쓰다 보면 주술사가 부적을 쓰는 것 같은 야릇한 기분과 함께 제게 이런 축복을 실현시킬 수 있는 능력이 있는 것 같은 착각마저 들기도 했습니다.

"장수 · 번영 · 강건하소서!"는 이집트인들이 가장 일반적으로 사용했던 축복의 말이었습니다. 누군가를 지칭할 때 이름 바로 뒤에 짧은 축복의 문구를 주문처럼 말하는 어법은 지금까지도 중근동 지역에서 사용되고 있습니다.

"당신의 카를 위하여!" 역시 다양한 상황에서 사용될 수 있습니다. 무언가 원기를 북돋아주거나, 기분을 상쾌하게 해줄 수 있는 것을 상대에게 건넬 때나, 만찬과 같은 자리에서 모두를 위한 건배사로 사용하기에 좋은 문구입니다.

누군가를 축복하는 것은 자신이 가진 호의를 상대에게 가감 없이 전달할 수 있는 훌륭한 수단이라고 생각합니다. 축복의 말을 고민하다 찾아낸 가장 아름다운 문구 중 하나는 "당신은 정말로 신의 선물입니다."라는 선언이었습니다. 이집트인들이 사랑하는 사람을 묘사할 때 썼던 표현인데, 제가 축복의 말로 수정했습니다. 주위의 소중한 분들에게 꼭 한 번 사용해보시기 바랍니다.

아랍어나 히브리어와 마찬가지로 고대 이집트어 또한 성별에 따라 대명사의 구분이 엄격합니다. 그래서 대상이 여성이냐 남성이냐에 따라 축복의 문구에 사용되는 대명사도 달라집니다. 2인칭뿐만 아니라 3인칭에서도 성에 따라 다른 대명사가 사용되고 단수와 복수의 형태도 다르지만, 여기에서는 2인칭 단수형만 제시해드렸습니다.

1-1

장수·번영·강건하소서!

ꜥnḫ 생명, 살다
wḏꜣ 번영, 번성하다
snb 건강, 건강하다

고대 이집트어로 "앙크티 웨자티 세넵티."는 일상적으로 사용되었던 축복의 문구였습니다. 우리가 마치 '간투사間投詞'를 사용하듯 이집트인들은 대화를 할 때나 편지를 쓸 때 상대방의 이름이나 호칭 뒤에 "장수 · 번영 · 강건하소서."를 습관처럼 넣었습니다. 직역하면 "살아있는 상태, 번성한 상태, 건강한 상태(가 되기를/유지되기를)." 정도의 의미인데요. 이집트인들이 일상적으로 사용했던 것처럼 주변의 소중한 사람들에게 자주 써보는 것이 어떨까요?

1-2

당신의 카를 위하여! (여성에게)

$k3$ 카, 생기, 활력

$ḥnwt$ 여주인 (상대를 높일 때)

고대 이집트어로 '생기生氣: life force' 혹은 '활력'을 의미하는 '카$k3$'는 인간이 가진 정신적인 요소 중 하나였습니다. 이집트인들은 살아있는 모든 존재에 카가 깃들어 있으며, 맛있는 것을 먹고 마시거나 즐거운 것을 보고 들으면 카가 고양된다고 믿었습니다. 한마디로 '카가 고양된다'는 것은 '새로운 활력을 되찾는다' 혹은 '살맛나게 된다'는 것을 뜻했습니다. 따라서 이집트인들은 음식을 비롯해 삶의 즐거움을 상기시킬 수 있는 무언가를 상대에게 제공할 때 "당신의 카를 위하여!"라고 외쳤습니다.

1-3

당신의 카를 위하여! (남성에게)

 *nb* 주인 (상대를 높일 때)

1-4

좋은 일이 일어나게 하시고
신께서 제게 만족하소서.

ḫpr 일어나다, 발생하다

nfr 좋다, 훌륭하다, 아름답다, 완벽하다

이 문장은 고대 이집트의 대표적인 서사문학 작품 중 하나인《시누헤 이야기》에서 인용한 것입니다. 시누헤는 왕실의 관리였습니다만 우여곡절 끝에 이집트가 아닌 외국에서 망명 생활을 했습니다. 노년에 이른 시누헤는 오랜 망명 생활이 끝나고 고국으로 돌아가기를 간절하게 바랐습니다. 이 문장은 그가 신에게 올린 기도문 중 일부분입니다. 무언가 뜻대로 되지 않을 때, 이유 없이 힘든 일이 들이닥칠 때 이 문장을 한 번 또박또박 적어보세요. 시누헤처럼 간절하게 기도하는 마음이면 더 좋겠네요.

* 출처: 《시누헤 이야기》 p.B 3022, 160~161.

1-5

늘 건강하세요. (여성에게)

wḏꜣ	온전하다, 건강하다, 번성하다
gmj	발견하다
ḏt	영원

직역하면 "그대의 사지四肢가 건강하고 그것이 영원한 상태임을 발견하기를."입니다. 이처럼 고대 이집트 문장은 직역하면 우리말과 상당히 다른 느낌으로 다가옵니다. 앞서 "장수·번영·강건하소서!"에서처럼, 건강은 이집트인이 가장 염려했던 삶의 고민 중 하나였습니다. 고대에는 가장 선진적인 문명 중 하나였지만 이들의 영양 상태나 의료 수준은 현대에 비해 열악했던 것이 사실입니다. 첨단 문명을 자랑하는 오늘날에도 건강은 행복한 삶을 사는 데 있어 중요한 필요조건입니다. 모두의 건강을 빌며 한 자 한 자 필사해보시기 바랍니다.

1-6

늘 건강하세요. (남성에게)

1-7

모든 일이 만족스러우시기를. (여성에게)

ḥtp 만족하다, 쉬다

모든 일에 만족하기란 쉽지 않은 일입니다. 우리의 삶이 복잡하고 고단한 것도 바로 이 때문일 것입니다. 이만하면 됐다고 생각하는 것. 멈출 수 있을 때 정말 멈출 수 있는 용기와 여유. 현대인이 좀처럼 실천할 수 없는 만족이란 덕목을 성취하기 위해서는 이런 능력이 필요할지도 모르겠습니다. 점차 무엇이든 쉽게 만족하지 못하는 까탈스러운 종족이 되지 않기 위해서라도 주변의 소중한 사람에게, 그리고 무엇보다 자신에게 만족의 미덕을 권해보시기 바랍니다.

1-8

모든 일이 만족스러우시기를. (남성에게)

1-9

당신은 정말로 신의 선물입니다. (여성에게)

𓊹 *nṯr* 신

직역하면 "진실로, 신께서 주신 훌륭한 딸이 바로 당신입니다."가 됩니다. 다른 농경 문화권에서와 마찬가지로, 고대 이집트인도 부모의 가르침을 실천하고 그들의 뜻을 거스르지 않는 자녀를 '신의 선물'이라고 불렀습니다. 자녀의 자율성을 존중하는 오늘날의 문화와 비교하면 조금 보수적인 것이 사실입니다. 고대의 문맥을 고려하지 않는다면 멋진 위로와 찬사의 글로 사용될 수 있습니다. 따지고 보면 신의 선물 아닌 사람이 누가 있겠습니까.

1-10

당신은 정말로 신의 선물입니다. (남성에게)

직역하면 "진실로, 신께서 주신 훌륭한 아들이 바로 당신입니다."가 됩니다.

2. 다짐의 문장

우리은하의 크기는 대략 10만 광년이라고 합니다. 은하의 중심으로부터 약 2만 6,500광년 떨어진 곳에 태양이 있으며, 우리는 태양의 세 번째 행성에 살고 있습니다. 이것이 지금까지 인류가 지성을 최대한 활용해 파악한 우리의 현재 위치입니다. 실감 나지 않지만 무언가 대단한 것 같긴 합니다. 그러나 우리가 머물고 있는 우주가 아무리 장엄하더라도, 밤하늘의 별들이 아무리 아름답게 빛나더라도 우리에게는 언제나 당장 해야 할 일이 넘칩니다.

저녁 늦게까지 자판을 두드리다가 까무룩 잠이 들고, 매일 아침 졸음에 겨운 눈을 부비며 침통한 마음으로 물을 뒤집어쓰고 출근 준비를 해야 하는 우리에게 광대한 우주의 운행보다 더 중요한 것은 오늘 하루도 최선을 다해 수습해보겠다는 일상의 다짐, 목표한 것을 끝까지 완수하겠다는 새삼스러운 다짐일 것입니다. 그렇다면 우리보다 밤하늘을 훨씬 자주 응시했을 고대 이집트인들은 어떤 다짐을 남겼을까요?

우선 "나의 심장은 사자보다 강하다."는 다짐은 제가 이집트 원문을 살짝 변형해 만든 것입니다. 위험한 항해를 감당했던 고대의 선원에 대한 묘사를 다짐으로 바꿨는데요. 삶이라는 부단한 항해를 매일 감당해야 하는 우리에게 이 다짐이 고단한 하루를 버틸 수 있는 새로운 활력을 충전해주길 바랍니다.

다음으로 "나는 진실로 살 것이며 진실로 존재할 것이다."를 살펴보겠습니다. 이 문장은 망자가 죽은 다음 자신이 어떻게 존재할 것인가를 스스로 결정하겠다는 다짐입니다. 그는 다음 생의 삶도 이번 생과 마찬가지로 최선을 다해 진실하게 살아가겠다고 다짐합니다. 끝이 있는 현세에서의 삶과 달리 영원한 내세의 삶을 마주한 망자의 포부가 은하만큼 크고 넓어 보입니다. 우리보다 훨씬 작은 우주를 상상했던 고대인의 크고 넓은 포부와 다짐이 우리를 좀 더 큰 존재로 성장시킬 수 있지 않을까 합니다.

2-1

나는 과장이 없는 사람이다.

ḥ3w 지나침, 과잉, 과장

《난파당한 선원》은 모험 이야기입니다. 우리에게 친숙한 《아라비안 나이트》에 나오는 신드바드 이야기의 조상쯤 되는 조난과 구조에 대한 재미있는 이야기인데요. 주인공인 선원은 요즘으로 치면 말이 많고 자기 자랑 늘어놓기를 좋아하는 사람입니다. 그런 선원이 "나는 과장이 없는 사람이다."라고 말하는 것이 조금 역설적이긴 합니다만, 삶을 이끌어줄 다짐으로 삼기에는 좋은 문장입니다. 천적을 만난 작은 동물처럼 자신의 모든 것을 부풀려 보이고자 하는 현대인에게 꼭 필요한 해독제 같은 다짐이 아닐까 합니다. 허세는 본인을 빼면 모두 알아보는 법이니까요.

* **출처: 《난파당한 선원》** p.H 1115, 12~13.

2-2

나는 선을 사랑하고 악을 증오하는 사람이다.

nfrt 좋은 것, 선

ḏwt 나쁜 것, 악, 슬픔

고대 이집트의 귀족들은 무덤의 벽면이나 석비에 '자전적 기록'을 새겨서 자신의 삶을 후세에게 알리고자 했습니다. 이런 자전적 기록에는 본인이 생전에 성취했던 중요한 업적과 함께 자신이 얼마나 정의롭고 공정한 사람이었는지를 강조하는 문장이 반드시 포함되었습니다. 이집트인들은 의로운 것만을 말하고 행한 의인으로 인정받음으로써 내세에서 영생을 누릴 수 있다고 생각했습니다. 그리고 이런 맥락에서 '선을 사랑하고 악을 증오한다'는 선언은 영생으로 들어가는 열쇠이자 의미 있는 삶의 황금률이었습니다.

* 출처: BM 159, 11.

2-3

나는 진실로 살 것이며 진실로 존재할 것이다.

wnn 존재하다

사실 이 문장은 망자의 선언입니다. 고대 이집트인에게 죽음은 '존재의 비가역적인 종말'이 아니라 새로운 삶의 시작이었습니다. 여기서 망자는 내세에서의 삶 역시 현세에서의 삶만큼이나 의미 있고 진실될 것이라고 다짐하고 있습니다. 이 문장은 직역하면 "나는 삶으로 살 것이며 존재로 존재할 것이다." 정도가 됩니다. '살다', '존재하다'와 같은 자동사가 취하지 않는 '삶', '존재'를 목적어로 취한 특이한 구조인데요. 이런 문법적 파격을 통해 진실한 삶과 존재에 대한 화자의 굳건한 다짐을 엿볼 수 있습니다.

* 출처: 《코핀 텍스트》 CT IV, 180f.

2-4

나의 심장은 사자보다 강하다.

jb	심장, 소망
m3j	사자

앞서 언급된《난파당한 선원》에 등장하는 문장을 제가 수정한 것입니다. 원문에는 주인공이 먼 원정길에 나서는 선원들은 하나같이 출중하고 뛰어나며 "사자보다 강한 심장을 가진" 용감한 사람들이라고 말하는 부분이 나옵니다. 역경에 굴하지 않는 강인한 정신력을 이집트식으로 표현한 것으로 보셔도 무방합니다. 뭔가 자신의 역량을 넘어서는 압도적인 업무나 쉽게 예측할 수 없는 모험을 앞두고 있을 때 다짐의 글로 제격입니다.

* 출처:《난파당한 선원》p.H 1115, 28~30.

2-5

고통스러운 것이 지나고 자신이 경험한 것을 말할 수 있음은 얼마나 즐거운가.

ršw 기뻐하다

dpt 맛보다, 경험하다

누구에게나 시련은 닥칩니다. 《난파당한 선원》의 주인공은 자신이 탄 배가 풍랑을 맞아 난파당한 후 외딴섬에 떨어지는데요. 거기서 섬의 지배자인 커다란 뱀을 만납니다. 사실 신이라고 보는 것이 맞을 이 뱀은 어느 날 운석이 떨어져 자신의 일족이 몰살당하고 자기만 살아남았다고 말합니다. 이 말은 뱀이 자신의 이런 시련을 이야기할 때 한 말입니다. 신들조차 가혹한 운명을 피할 수 없다는 사실이 묘한 위로를 주기도 합니다. 고통은 영원하지 않고 경험은 다르게 기억될 수 있습니다. 시련은 없을수록 좋겠지만 어쩔 수 없는 것 또한 우리 인생이겠지요.

* 출처: 《난파당한 선원》 p.H 1115, 124.

2-6

나는 친절하고 부드러운 사람이다.

j3m	친절하다, 매력적이다
bnr	달콤하다, 다정하다

이집트는 더운 나라지만 사막성 기후에 속하기 때문에 햇빛은 매우 따가워도 그늘에 들어가면 금방 시원해집니다. 특히 나무 그늘 아래의 휴식은 그야말로 "카를 고양시키는" 구원이라 할 수 있습니다. 그런데 이집트는 나무가 귀한 곳입니다. 그래서 나무는 이 문장에서처럼 '친절하다'와 '매력적이다'를 뜻하는 단어에도 사용됩니다. 이집트인들은 타는 듯한 햇볕을 막아 시원한 그늘을 만들어주는 나무 같은 사람이 되고 싶어 했는지도 모르겠습니다.

* 출처: 《시누헤 이야기》 p.B 3022, 65~66.

2-7

나는 목마른 사람에게 물을 주었다.

jbj 목마르다

mw 물

고대 이집트인들은 살아서 행한 선행이 사후 자신의 영생을 보장해줄 것이라 생각했습니다. 선행을 실천하는 방법은 수없이 다양하겠지만 이들이 생각한 선행에는 반드시 포함되는 것이 있습니다. 배가 고픈 사람에게 빵을 주는 것, 목마른 사람에 물을 주는 것, 배船가 없는 사람을 건네주는 것, 아들이 없는 사람의 장례를 치러주는 것, 과부와 고아를 돌보는 것 등은 여유 있는 사람이라면 반드시 실행해야 하는 선행이었습니다. 이 문장을 필사하며 모듬살이에서 꼭 필요한 선행의 의미를 새삼 되새겨보시는 것은 어떨까요?

* 출처: 《시누헤 이야기》 p.B 3022, 96~97.

2-8

𓇋𓅱𓅓𓏏𓅓𓁶𓂝𓀀𓂋𓈖𓇳

오늘 죽음이 내 앞에 있네.

𓅓𓏏 *mwt*　　죽음, 죽다

《바와의 대화》 속 대화는 한 사내가 자신의 '바ba', 다시 말해 자신의 '영혼' 혹은 또 다른 '자아'와 대화를 나눈다는 구성으로 창작된 일종의 모놀로그입니다. 여기서 주인공은 삶이 얼마나 부박하고 무의미한지 한탄하면서 죽음이야말로 진정한 안식처라고 말합니다. 하지만 그의 바는 그의 말에 반대합니다. 내세를 대단히 긍정했던 이집트인들도 죽음이 도피처가 될 수는 없다고 생각한 것 같습니다. 대신 죽음은 '메멘토 모리' 같은 금언에서처럼 삶의 유한함과 소중함을 다시금 깨닫게 해줍니다. 그러니 위 문장처럼 죽음을 염두에 둔, 조금은 절박하고 긴장된 삶의 태도도 종종 필요하지 않을까 생각합니다.

* 출처: 《바와의 대화》 p.B 3024, 132~134.

2-9

세상이 도공의 물레처럼 (정신없이)
돌아가고 있구나.

	msnḥ	거꾸로 돌다, 퇴보하다
	nḥp	도공의 물레

현재 우리가 처한 상황에 딱 맞는 말을 수천 년 전의 현자가 했다는 것이 신기하기만 합니다. 고대와 현대를 가릴 것 없이 위기 앞에서 느끼는 혼란의 속도감은 비슷한 것 같습니다. 하지만 오늘날은 과거에 비해 모든 것이 과잉인 것도 사실입니다. 차고 넘치는 정보 그리고 이에 대한 과민한 반응과 과도한 대책도 하나같이 차고 넘친다는 인상을 받습니다. 위기가 위기를 증폭시키는 어찔어찔한 세상을 잘 표현한 문구입니다만, 너무 사랑받지는 않았으면 좋겠습니다.

* 출처: 《이푸웨르의 훈계》 p.L 344, 6.13.

2-10

수명은 정해져 있다.

ꜥḥꜥw (정해진) 기간, 수명

"사람의 수명은 하루를 더할 수도 뺄 수도 없다."는 문장에서 발췌한 것입니다. 100세 시대가 눈앞입니다만 한 사람의 수명은 여전히 인간의 기술로 어찌할 수 없는 경우가 많습니다. 많은 것이 외부의 환경에 의해 결정되는 상황에서는 주체적으로 살겠다는 다짐도 무색해지기 마련입니다. 《제데프호르의 교훈》에서는 이런 제약이 지혜의 지름길로 제시됩니다. 무수한 제약이 삶에 대한 의지를 위축시킬수록 이를 극복할 방법을 적극적으로 모색해보라는 다그침이 "수명은 정해져 있다."는 저 담담한 선언 안에 담겨있습니다. 첨단 문명을 갑옷처럼 입고 있는 우리에게 고대인의 절제된 의지가 새로운 용기를 주길 기대합니다.

* 출처: 《제데프호르의 교훈》 Helck, 39.

3. 처신의 문장

인류 최초로 문명을 일군 사람들이 남긴 글을 읽노라면 수천 년의 시차가 무색할 만큼 그들과 우리가 인간이라는 면에서 다르지 않음을 실감합니다. 살았던 장소도 문명의 수준도 달랐지만 그들 역시 우리와 똑같은 욕망과 좌절을 느꼈으며, 거의 비슷한 고민과 해결책을 가지고 있었습니다. 다시 말해, 인간이라는 종이 바뀌지 않는 이상 모듬살이가 필연인 우리의 삶이 시도 때도 없이 던지는 문제는 시공을 초월해 동일합니다. 아울러 타인을 대하는 태도나 사회생활에 필요한 몸가짐 또한 예나 지금이나 크게 다를 것이 없습니다.

이집트의 현자는 "존재하는 한 그대의 심장을 따르라."고 말합니다. 여기서 '심장'은 '의지'의 다른 말이라고 할 수 있겠습니다. 뇌가 정확하게 무엇을 하는지 몰랐던 이집트인들에게 심장은 혈액을 온몸으로 순환할 수 있게 해주는 펌프였을 뿐만 아니라, 이성과 감정을 모두 통제하던 가장 중요한 기관이었습니다. 이런 맥락에서 볼 때, "심장을 따르라."는 말은 기분 내키는 대로 행동하라는 것이 아니라 사리에 맞도록 현명하게 행동하라는 뜻에 더 가깝습니다. 아울러 "존재하는 동안 밝은 얼굴을 가지라."는 금언 역시 다를 바 없습니다. 모든 것은 자기 하기 나름이니 되도록 긍정적으로 생각하고 행동하라는 말의 이집트식 표현이 아닐까요?

현명한 행동과 짝을 이루는 것이 바로 조리 있게 말하는 것입니다. "사람의 입이 그를 살린다."는 말은 아무리 어려운 상황에 처해 있더라도 자신의 상황을 냉정하게 파악한 후 그 원인과 앞으로 예상되는 결과, 그리고 자신의 의도를 상대방에게 설득력 있게 제시한다면 위기에 잘 대처할 수 있을 것이라는 신념을 반영합니다. 하지만 아무리 그럴듯한 말이라도 진실하지 않다면 설득력을 가질 수 없습니다. 이 때문에 이집트의 현자는 "올곧게 말하라."고 조언합니다. 올바른 말은 세월을 초월해 황금과 같이 빛나는 설득력을 잃지 않을 것이기 때문입니다.

3-1

사람의 입이 그를 살린다.

nḥm 취하다, 구하다

《난파당한 선원》의 앞부분에 나오는 말입니다. 주인공인 선원이 속해 있는 원정대의 대장은 큰 시름에 잠겼습니다. 원정대는 무사히 본국으로 돌아왔지만 파라오에게 보여줄 그럴듯한 성과가 없었기 때문입니다. 이때 주인공은 원정대장에게 "더듬지 말고 똑바로, 차분하고 조리 있게 설명한다면 왕께서 관대함을 보이실 수도 있다."고 조언하면서 이 말을 합니다. 우리식으로 하면 "말 한마디로 천 냥 빚을 갚는다." 정도가 될 것 같습니다. 올바른 말의 중요성은 고대 이집트인도 잘 인식하고 있던 것 같습니다.

* 출처: 《난파당한 선원》 p.H 1115, 17~18.

3-2

존재하는 한 그대의 심장을 따르라.

šms 따르다, 동행하다

"심장을 따르다."는 말은 여러 가지로 해석될 수 있습니다. '원하는 대로 하다'가 가장 근접한 뜻입니다만, 여기서 현자 프타호텝이 의도한 것은 충동과 욕망에 따라 살아가는 것이 아니라 '합리적으로 생활하라'는 조언입니다. 이 금언 뒤로 "가사를 꾸리는 것 이외에 매일 해야 할 것으로부터 벗어나지 말 것이니, 심장을 따르는 사람의 부는 저절로 늘어나겠지만 게으른 사람의 재물은 쌓이지 않는 법이다."라는 조언이 이어지는 것으로 보아, 프타호텝은 '하루라도 소홀히 보내지 말라'는 말을 하고 싶었던 것 같습니다.

* 출처: 《프타호텝의 교훈》 p.Prisse, 186.

3-3

탐욕의 예를 경계하라.

ꜥḥꜣ 싸우다, 투쟁하다

ꜥwn 탐욕스럽다

프타호텝은 탐욕을 "모두가 피하는 뱀의 병"이라고 정의하는데요. 여기서 '뱀의 병'은 불치병을 의미합니다. 한번 탐욕에 빠져들면 헤어날 방법이 없음을 분명히 경고하고 있습니다. 아울러 탐욕은 "아버지, 어머니, 형제들을 옭아매고 남편과 아내를 소원하게 만드는" 그리고 "평정심을 잃게 만들고 이웃 간의 갈등을 조장하는" 악으로 묘사됩니다. 물질적 욕망을 긍정하는 요즘 시대에 정신을 좀먹고 관계를 파괴하는 탐욕은 보이지 않는 괴물처럼 우리 곁에 도사리고 있습니다. 한 발만 잘못 디디면 지옥이 펼쳐질지도 모를 일이니 우리도 경계를 늦출 수 없겠습니다.

* 출처: 《프타호텝의 교훈》 p.Prisse, 300~301.

3-4

듣지 않은 것에 대해 쑥덕거리지 말라.

mskj 소문

고대 이집트인은 원인을 알 수 없는 병에 걸리면 그것이 신들의 징벌이라고 생각해 신들에게 용서를 빌었습니다. 먼지 많은 사막 바로 옆에 살았던 이집트인에게 자주 찾아왔던 질환 중 하나는 일시적인 실명이었습니다. 예나 지금이나 실명은 심각한 장애입니다. 다행히 어느 정도 시간이 지나면 시력은 대부분 회복되었는데요. 이때 이집트인들은 신들에게 감사하는 뜻에서 석비를 남겼습니다. 이런 석비 중에는 다른 사람에 대한 근거 없는 이야기를 주고받은 것을 반성한다는 내용이 담긴 것도 있습니다. 시공을 초월해 뒷담화의 유혹은 참기 어렵습니다. 다만 현자 프타호텝은 과도함을 경계하려 했던 것이 아닐까요?

* 출처: 《프타호텝의 교훈》 p.Prisse, 350~351.

3-5

해결책을 알 때만 말하라.

rḫ　배우다, 알게 되다

wḥꜥ　풀다, 해결하다, 설명하다

오늘날의 개방적인 분위기에는 다소 맞지 않는 금언일 수 있습니다. '브레인스토밍'이라는 말에서 알 수 있듯 해결하기 어려운 문제가 생기면 머리를 맞대고 아이디어를 끊임없이 교환하는 것이 우리가 즐겨 사용하는 방법이기 때문입니다. 다만 현자 프타호텝은 '무턱대고 아무 말이나 지껄이지 말고 적절한 말을 방안으로 제시할 수 있어야 한다'는 말을 하고 싶었던 것 같습니다. 이 금언에 이어 프타호텝은 장인들의 예를 들면서 "실제로 작업을 수행하는 것보다 말을 하는 것이 더 어렵다."고 말합니다. 말이 행동보다 더 어려울 수 있음을 배웁니다.

* 출처: 《프타호텝의 교훈》 p.Prisse, 366.

3-6

과오를 멀리하라.

jyt 재난, 사고, 과오

《언변 좋은 농부》의 주인공인 농부는 자신의 억울한 처지에 무심한 관리에게, 정의를 수호하는 재판의 신인 토트Thoth를 따른다고 감히 말할 자신이 있다면 토트 신이 문서를 작성할 때 그 어떤 실수도 하지 않는 것처럼 본인들도 과오를 저지르지 않고자 최선을 다해야 한다고 일갈합니다. 그는 이어 재판을 상징하는 저울의 가로대가 어느 한쪽으로 기울지 않는 것처럼 모든 공무를 공평무사하게 처리하라고 촉구합니다. 농부의 이런 외침은 너무나 상식적이지만 너무나 지켜지지 않는다는 점에서, 수천 년의 시간이 흐른 오늘을 사는 우리에게도 여전히 유효한 것 같습니다.

* **출처: 《언변 좋은 농부》** p.Am, I, 336~337.

3-7

올곧게 말하라. 그리하면 정도에서 벗어나지 않으리라.

ʿq3 곧다, 정확하다

직역하면 "그대의 혀를 곧게 한다면 길을 잃지 않으리라." 입니다. "혀를 곧게 한다."는 말은 '거짓을 말하지 않는다'를 뜻합니다. 정의를 실현해야 할 관리들이 자신의 임무가 무엇인지를 잊고 불의에 영합하고 있음을 에둘러 표현하고 있습니다. '리플리 증후군'에서처럼 우리를 미혹에 빠지게 하는 것은 시작이 어디인지도 모를 거짓의 사슬일 것입니다. 《언변 좋은 농부》의 주인공은 모든 것에 한 점 의혹이 없는, '마아트m3ʿt; 정의'가 실현된 세상을 꿈꾸고 있습니다. 그 정의가 작품에서는 마침내 실현됩니다. 정의의 실현이 허구 속의 해피엔딩에만 머물지 않고 우리가 숨 쉬고 사는 이 땅에서도 자주 이뤄지기를 기원해봅니다.

* 출처: 《언변 좋은 농부》 p.Am, I, 162.

3-8

존재하는 동안 밝은 얼굴을 가지라.

ḥḏ 희다, 밝다

고대 이집트식 표현인 "얼굴을 밝히다."는 우리말로 "화색이 돌다." 정도로 번역될 수 있습니다. 이 조언에 이어 프타호텝은 주변에 안색이 어두운 사람이 없는지를 살펴보라고 당부합니다. 그리고 주위 사람들의 표정이 좋지 않다면 분명히 무언가가 부족하기 때문이니 능력이 된다면 널리 베풀라고 말합니다. 한 심리학 실험에서 동양인들은 주변 사람이 모두 낙심한 표정을 하고 있는데 혼자만 웃고 있는 사람의 사진을 봤을 때 그 사람 역시 행복하지 않을 것이라고 답했습니다. 그렇습니다. 혼자만 즐거우면 무슨 소용일까요. 모두가 환한 세상이 정말로 밝은 얼굴로 살 만한 세상 아닐까요.

* 출처: 《프타호텝의 교훈》 p.Prisse, 481.

3-9

신중하게 행동하면 그를 위한 방패가 (저절로) 생길 것이다.

jkm 방패

"신중하게 행동하다."는 "배를 가리다."를 의역한 것인데요. 여기서 '배'는 '복심腹心' 정도로 해석할 수 있습니다. 우리는 세상을 살아가면서 이런저런 삶의 요령을 습득합니다. 이런 요령 중 하나가 자신의 감정이나 의도를 무작정 드러내지 않는 것입니다. 성숙한 어른이라면 그러지 않아야 하는 경우를 스스로 파악할 수 있습니다. 그런 행동이 무례가 될 수도, 나중에 자신을 옭아매는 약점이 될 수도 있습니다. 세상으로부터 어느 정도 자신을 방어할 수 있는 힘과 지혜를 갖추는 것 역시 성인이 되는 과정 중 하나일 것입니다. 우연으로 충만한 세상에 나를 지켜줄 수 있는 방패 하나쯤은 마련하고 있어야 하지 않을까요?

* 출처: 《케티의 교훈》 Khety II, 130

3-10

아직 오지 않은 내일의 일을 도모하지 말라.

grg 기반을 만들다, 설립하다

dw3 아침, 내일

미래를 대비하는 것은 우리 종이 가진 뛰어난 생존 능력 중 하나입니다. 그런데 미래만 생각하다 현재를 놓치는 경우가 있습니다. 오늘 하루만을 산다는 태도도 문제지만, 영원히 오지 않을 그날만을 위해 오늘의 소소한 즐거움을 포기하는 것도 현명한 태도는 아니겠습니다. 모든 것의 핵심은 균형입니다. 오늘을 충만하게 살아내면서도 내일에 대한 대비를 소홀히 하지 않으려면 뛰어난 균형 감각이 요구됩니다. 하여 농부의 저 조언을 "내일의 일에만 너무 몰두하지 말라."로 고쳐 읽고 싶습니다. 적당히 대비하고 적당히 포기하는 삶의 기술이 시급해 보이기만 합니다.

* 출처: 《언변 좋은 농부》 p.Am, I, 214.

4. 겸허의 문장

영어에 '험블 브래깅humble bragging'이라는 말이 있습니다. 우리말로 옮기면 '겸손을 가장한 자랑질' 정도가 될 것입니다. 예를 들어 누군가가 "그 분야에 대해서는 잘 몰라서 그냥 100권 정도 찾아 읽은 것밖에는 없어요."라고 말한다면 이것이야말로 전형적인 험블 브래깅이라 할 수 있습니다. 겉으로는 자신을 낮추는 것 같은데 자세히 들어보면 여전히 자기 자랑이라는 것이 분명하기 때문입니다. 이처럼 진심으로 겸손하기란 쉬운 일이 아닙니다. 그런데 겸손은 고대 이집트에서 이웃과 조화롭게 살아가는 데 있어 가장 중요한 덕목이었습니다. 그 이유는 이집트가 전형적인 농경사회였다는 사실에서 찾을 수 있습니다.

이집트인들은 나일강의 범람에 의존해서 농사를 지었습니다. 농지에 물을 공급하기 위해 수로를 파야 했고, 계절의 리듬에 따라 농경지를 갈고 씨를 뿌린 뒤 밀과 보리 같은 작물을 키워 수확철이 되면 거둬들이는 것이 무엇보다 중요했습니다. 이 모든 작업은 공동체에 속한 모든 사람이 정해진 때에 힘을 하나로 합쳐야 가능했습니다. 그렇기 때문에 이집트인들에게는 개인적인 성취보다 공동선에 순응하는 것이 더 중요했습니다. 이런 사회 분위기 속에서 자신을 지나치게 돋보이게 하는 언행은 공동체의 조화를 해칠 위험이 있었습니다.

이집트인들에게 겸손의 반대편에 있는 자만은 '말을 많이 하는 것'으로 표출되었습니다. 자만은 내가 무언가를 가졌다는 사실에서 오는 경우가 많습니다. 그것이 지식이든 재산이든 권력이든 자신이 소유한 것을 떠벌리는 순간 그 사람은 자만의 함정에 빠집니다. 이집트인들은 자만의 덫에 걸리지 않는 방법을 알고 있었던 것 같습니다. "침묵하면 (자연스레) 결과가 생긴다."는 말은 자만을 경계하고자 하는 현대인에게도 훌륭한 처방이 될 것입니다.

4-1

아는 것에 자만하지 말라.

ꜥꜣ 크다, 커지다

고대 이집트 표현으로 "심장이 커지는 것", 즉 '자만'은 모든 문명이 경계했던 악덕입니다. 그리스인들은 특히 '휴브리스hubris'를 신성모독의 하나로 여길 정도로 자만심을 경계했습니다. 농경사회였던 이집트의 현자 프타호텝 역시 자만에 대한 금언을 빼놓지 않았습니다. "아는 것에 자만하지 말고 지식이 풍부한 사람들뿐만 아니라 무지한 사람들에게도 조언을 구하라. … 좋은 말은 공작석보다 더 찾기 어려우나 맷돌 앞의 하녀에게도 발견되는 법이다."라고 충고합니다. 중요한 것은 부지런히 앎을 추구하는 자세이지, 조금 알고 있다는 것에 우쭐하는 어리석은 행태는 아니니까요.

* 출처: 《프타호텝의 교훈》 p.Prisse, 52~54.

4-2

자만하면 (다시) 겸손해지기 힘들다.

$q3j$ 높다, 높이다

$dḥ$ 낮다, 낮추다

자만에 대한 현자 프타호텝의 또 다른 경고입니다. 이 금언의 도입부는 "그대가 굳건하다면 지식과 침묵을 통해 존경을 얻으라."는 충고로 시작합니다. 고대 이집트야말로 '침묵은 금'인 사회였습니다. 알수록 침묵하는 것은 우리에게도 익숙한 미덕입니다. 무언가에 우쭐해하는 태도만큼 실제로는 잘 모른다는 사실을 적나라하게 보여주는 것도 없겠습니다. 가장 무서운 것은 본인이 무엇을 모르는지조차 모르면서 자만하는 경우입니다. 저부터도 자만이 습관이 되지 않도록 다시 경계를 늦추지 않아야 하겠습니다.

* 출처: 《프타호텝의 교훈》 p.Prisse, 374.

4-3

부富에 자만하지 말라.

kfꜣ-jb 조심하다, 믿음직스럽다

ꜥḥꜥ 무더기, 재산

미국 동부에는 "보스턴에서 아는 것을 자랑하지 말고 뉴욕에서 가진 것을 자랑하지 말라."는 우스갯소리가 있습니다. 보스턴에 유명한 대학교들이 많고 뉴욕에 내로라하는 부자들이 많기 때문에 생긴 말이겠지요. 지식도 그렇지만 재산은 더더욱 자랑하고 우쭐하지 말아야 할 것입니다. 그런 자랑이 너무 부박해 보이기도 하지만 지식과 달리 부란 언제든 내 손을 떠날 수 있는 것이기 때문이죠. 한 번도 스스로를 부유하다고 생각해본 적은 없습니다만, 부유함으로 존경받을 수 있는 방법은 조용히 즐기고 너그럽게 베푸는 것이 아닐까 합니다.

* 출처: 《프타호텝의 교훈》 p.Prisse, 433~434.

4-4

권력이 있다고 가혹하게 굴지 말라.

k3hs 가혹하다, 고압적이다

wsr 강력하다, 유력하다

부와 마찬가지로 권력도 언제 사라질지 모르는 것 중 하나입니다. 과거 신분제 사회에서는 권력을 죽을 때까지 누리는 것도, 대대로 세습하는 것도 가능했습니다만, 그럼에도 불구하고 권력의 유한함이 동서고금을 막론하고 강조되었던 데에는 그만한 이유가 있었을 것입니다. 따지고 보면 사회의 온갖 부조리 중 상당수는 자신이 가진 권세를 쓸데없이 과시하고 권력을 부당하게 행사함으로써 발생합니다. 지식이든 재산이든 권력이든 그것을 가질 수 있는 행운을 누렸다면 그때부터는 어떻게 현명하게 사용할 것인가를 고민하는 것이 최선 아닐까요?

* 출처: 《언변 좋은 농부》 p.Am I, 245~246.

4-5

보라, 듣는 것은 사람에게 좋다.

sḏm 듣다

경청하는 것만으로도 많은 문제를 해결할 수 있습니다. 주의 깊게 듣는 태도는 불필요한 분쟁을 피하고, 상대의 입장이나 전체적인 상황을 냉철하게 판단할 수 있게 해줍니다. 특히 현대와 같이 온갖 사건이 SNS 등을 통해 공명하면서 부풀려지고 정제되지 않은 말이 사납게 몰아치는 현실에서, 모두가 최종심급의 재판관이 되어 자신의 기준으로 세상을 일방적으로 재단하려고만 할 때 차분하게 상대의 말을 경청하는 자세는 우리를 더 지혜롭게 만들어줄 수 있을 것입니다.

* 출처: 《난파당한 선원》 p.H 1115, 181~182.

4-6

**경청하는 사람은 신께서 사랑하시며,
경청하지 않는 사람은 신께서 증오하신다.**

mrj 원하다, 사랑하다

현자 프타호텝은 경청의 기술을 종교의 경지로까지 끌어올립니다. 예나 지금이나 자신이 하고 싶은 말만 하고 상대의 말은 한마디도 들으려 하지 않는 사람들 때문에 얼마나 많은 갈등과 분쟁이 발생했는지를 생각하면, 주의 깊게 듣는 태도가 신으로부터 사랑받을 수 있는 지름길이라는 말이 결코 과장이 아님을 실감할 수 있습니다. 특히 나이가 들수록 '귀는 열고 입은 닫는' 지혜를 실천하는 것이 필요해 보입니다.

* 출처: 《프타호텝의 교훈》 p.Prisse, 545~546.

4-7

경험을 가지고 태어나는 사람은 없다.

msj 낳다, 태어나다

s3j 현명하다, 이해하다

인생은 시행착오의 연속입니다. 나이가 들수록 지혜가 깊어지고 실수하는 빈도가 줄어든다 하더라도 여전히 뼈아픈 실수를 저지를 때가 한두 번이 아닙니다. 또한 주변에서 그런 경우를 드물지 않게 보기도 합니다. 젊은 사람들은 경험이 부족하니 그럴 수 있다고 넘어가지만, 높은 연배에도 어처구니없는 말이나 행동을 하는 경우를 보면 경험을 통해 현명해진다는 것이 쉬운 일은 아니구나 하는 생각이 절로 듭니다. 경험은 가지고 태어날 수 없습니다만, 경험을 통해 원숙해질 수는 있습니다. 시행착오 끝에 지혜가 오롯이 맺히기를 바랄 뿐입니다.

* 출처: 《프타호텝의 교훈》 p.Prisse, 41.

4-8

적이 없는 사람은 없다.

ḫrwy 적

《메리카레 왕을 위한 교훈서》는 이집트가 내분에 빠졌던 시기에 작성된 미래의 왕을 위한 교훈서입니다. 통치자의 자질이 아무리 뛰어나더라도 국가적 규모의 인간 집단을 이끌어가는 과정에서 적이 생기는 것은 필연입니다. 그리고 그것은 저와 같은 필부에게도 불가피합니다. 오해였든 사소한 이익이나 자존심 때문이었든, 의도했든 그렇지 않았든 살다 보면 껄끄러운 관계가 형성될 수밖에 없습니다. 공연히 적만 만드는 행동은 자제하는 것이 마땅하겠지만, 어느 정도 적이 있다는 사실은 내가 자아를 유지하며 살아왔다는 증거가 아닐까 합니다. 신들조차 모두를 만족시킬 수는 없을 테니까요.

* 출처: 《메리카레 왕을 위한 교훈서》 p.H 1116A, 10.9~10.

4-9

침묵하면 (자연스레) 결과가 생긴다.

gr 침묵, 침묵하다

"우는 아이 떡 하나 더 준다."는 속담이 있습니다. 그래서 많은 이가 자신의 권리를 목청껏 외칩니다. 심한 경우에는 이런 외침이 다른 이들의 몫을 빼앗거나 평생 지울 수 없는 상처를 주기도 합니다. 우리는 오랜 기간 누군가가 위에서 명령하면 군말 없이 따라야 하는 다소 위압적인 체제 속에서 살아야 했습니다. 그래서 그런지 요즘은 자신의 의견과 권리가 봇물이 터진 것처럼 적극적으로 분출되고 있습니다. 자신의 권리를 자각하고 요구하는 것은 자연스러울뿐더러 민주적인 사회의 덕목 중 하나입니다. 그러나 과유불급인 경우도 없지 않습니다. 이럴 때 종종 요구되는 것이 현명한 침묵의 미덕이 아닐까 합니다.

* 출처: 《제데프호르의 교훈》 Helck, 66.

4-10

기억에 남는 것은 친절함이다.

sḫꜣ 기억하다

자신이 상대에게 어떻게 기억될지 고민하는 것은 사려 깊은 사람의 자세입니다. 나에 대한 기억은 사회적 기억을, 그리고 평판을 형성합니다. 평판은 쌓기도 유지하기도 어렵습니다. 그러나 평판이 목적이 되면 또 그만큼 피곤한 게 없을 것입니다. 가장 좋은 방법은 반대급부를 바라지 않고 일단 친절을 베푸는 것입니다. 물론 사기꾼과 체리피커 들은 조심해야겠습니다만, 우리는 어느 정도의 감지 능력을 타고났습니다. 제 경험에 비춰볼 때 조금 손해를 보더라도 친절을 베푸는 것이 훨씬 마음에 좋습니다. 누군가에게 좋은 기억으로 남는다면 더 좋겠지만 아니어도 그만입니다. 원래 삶이란 그런 것일 테니까요.

* 출처: 《프타호텝의 교훈》 p.Prisse, 487~488.

5. 정의의 문장

다른 모든 사회와 마찬가지로 고대 이집트 사회에도 '정의'라는 개념은 중요했습니다. 그러나 이집트인이 생각했던 정의는 우리에게 익숙한, 평등과 공정에 기반한 정의와 조금 달랐습니다. 예문 중 "정의는 위대하고 그 예리함은 영속한다."고 했을 때의 정의는 '우주의 기본 질서'를 의미했습니다. 이집트인은 세상이 창조된 뒤 모든 것이 마땅히 있어야 할 자리에서 제 역할을 다하는 것을 정의라고 생각했습니다. 그리고 이를 마아트라 불렀습니다.

태양이 매일 뜨고 지는 것이나 나일강이 주기적으로 범람하는 것 모두 신들이 우주적 질서인 마아트를 유지하려고 부단히 노력하고 있다는 증거였습니다. 이집트인들은 인간이 신들의 영역인 천상의 세계에서 일어나는 일에 개입할 수는 없지만, 자신이 속한 사회에서 마땅히 해야 할 역할과 의무를 다함으로써 마아트가 실현되는 데 기여할 수 있다고 생각했습니다. "정의를 행하는 것은 코에 공기를 불어넣는 것과 같다."는 말은 바로 이런 믿음을 반영합니다.

이집트의 상징 체계에서 마아트는 타조 깃털을 머리에 꼽고 있는 여신으로 형상화되었습니다. '마아트의 여신'은 세상을 창조한 태양신의 딸로 여겨졌습니다. 그녀는 세상이 불의로 가득 차는 것을 경계하는 시각적 상징인 동시에, 지상에 구현된 정의를 체화體化한 존재였습니다. 파라오는 자신의 통치를 통해 지상에 구현된 정의의 화신인 마아트의 여신을 신들에게 바쳤습니다. 파라오가 제대로 다스리지 못할 때 지상에서는 "이 땅을 덮친 불의는 끝이 없다."는 탄식이 터져 나왔습니다.

개인적인 차원에서도 정의는 살아가면서 반드시 실천해야 할 중요한 덕목이었습니다. 이집트인들은 모든 사람이 죽은 후에 신들의 재판정에서 자신이 얼마나 정의로웠는지를 심판받는다고 생각했습니다. 이때 일생의 기억이 담긴 망자의 심장이 정의를 상징하는 타조 깃털과 함께 저울의 접시에 놓였습니다. 심장이 깃털보다 무거우면 망자는 영생을 누릴 자격을 박탈당했습니다. "악행이 성공한 적은 한 번도 없었다."는 말은 빈말이 아니었습니다.

5-1

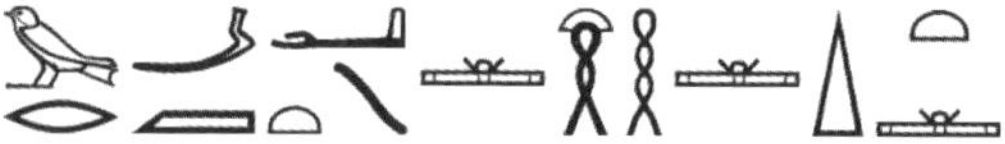

정의는 위대하고 그 예리함은 영속한다.

	*m3ʿ*	진실되다, 정의롭다
	*m3ʿt*	마아트, 정의

정의, 즉 마아트는 시간을 초월합니다. 사회는 끊임없이 변합니다. 이런 변화와 함께 한 사회의 가치관도 지속적인 변화를 겪습니다. 하지만 사회 구성원들이 함께 살아가는 데 반드시 필요한 핵심 원칙은 예나 지금이나 변하지 않습니다. 현자 프타호텝이 말한 "그 예리함은 영속한다."는 말은 지상의 질서이자 우주의 질서인 마아트가 시간이 지나도 광채와 예리함을 잃지 않는 날카로운 검과 같다는 사실을 깨닫게 합니다.

* 출처: 《프타호텝의 교훈》 p.Prisse, 88.

5-2

정의를 행하는 것은 코에 공기를 불어넣는 것과 같다.

fnd 코

ṯꜣw 공기

고대 이집트인들은 부부나 가족 같이 매우 친밀한 사이에는 서로 코를 비볐습니다. 코는 또한 생명의 숨결이 드나드는 곳이었고 향기로운 것과 맛있는 것을 즐기게 해주는 기관이었습니다. 이집트인이 내세에서 영생을 누릴 때 반드시 필요했던 조건 중 하나는 코로 다시 숨을 쉴 수 있게 되는 것이었습니다. 코로 생명의 숨결을 불어넣어주는 존재는 신들과 파라오였습니다. 가장 대표적인 교훈서 중 하나인《언변 좋은 농부》에서 주인공 농부는 정의를 행하는 것이 코로 생기를 불어넣어주는 것과 같다고 강조하고 있습니다.

* 출처:《언변 좋은 농부》p.Am I, 176~178.

5-3

정의에 귀 닫는 자에게는 친구가 없다.

ẖnms 친구

sẖ 귀가 먹다, 귀를 기울이지 않다

고대 이집트에서 "친구가 없다."는 말은 같이 밥을 먹거나 놀 사람이 없다는 것 이상을 의미했습니다. 친구는 삶의 고비마다 의지가 되어주고 서로의 고충을 털어놓을 수 있는 소중한 이웃이었습니다. 이집트인들이 남긴 교훈서는 한결같이 새겨듣는 것 그리고 경청하는 것의 중요성을 강조하고 있습니다. 그러므로 "정의에 귀 닫는 자"는 정의와 불의를 구별할 수 있는 지혜가 없는 사람, 한발 더 나아가 정의를 실천할 수 없는 사람을 의미한다고 할 수 있습니다. 이런 인물에게 친구가 없는 것은 어떻게 보면 당연한 것 아닐까요?

* 출처: 《언변 좋은 농부》 p.Am II, 110~111.

5-4

이 땅을 덮친 불의는 끝이 없다.

	nf	불의, 잘못
	ḥwj	때리다, 치다, 덮치다

종종 고대 이집트가 완벽한 이상사회였던 것처럼 말하는 사람들이 있습니다. 그러나 인류 역사상 모든 것이 완벽하고 정의로운 황금시대는 단 한 번도 실현된 적이 없었으며, 호모 사피엔스의 본성이 바뀌지 않는 한 영원히 찾아오지 않을 것입니다. 기록으로 남아있는 것은 별로 없지만 이집트인들도 이런저런 사회적 부조리를 경험했을 것이 분명합니다. 하여 고대인과 우리 현대인의 좌절감은 본질적으로 다르지 않습니다. 불행하게도 수천 년의 탄식은 현재에도 진행형입니다.

* 출처: 《바와의 대화》 p.B 3024, 129~130.

5-5

거짓을 일소하라.

grg 거짓

jzft 이제페트, 불의, 부정

고대 이집트인이 생각한 우주적 기본 질서이자 정의였던 마아트의 대척점에는 불의, 부정, 거짓, 협잡 등을 두루 의미했던 '이제페트'가 있었습니다. 이집트인들은 신들이나 인간이 조금만 방심하면 호시탐탐 우주와 사회를 잠식할 기회만 노리는 이제페트가 마침내 마아트를 전복시킬 것이라고 생각했습니다. 따라서 태양신을 비롯한 모든 신과 파라오를 비롯한 지상의 모든 존재는 매일 집을 정리하고 방을 청소하는 것처럼 거짓과 악을 일소해, 이제페트가 세상에 뿌리내리는 것을 경계해야 할 의무가 있었습니다.

* 출처: 《언변 좋은 농부》 p.Ramesseum A, 16.1~3.

5-6

잘못 벌주는 것을 경계하라.

s3w 삼가다, 경계하다, 지키다

ḫsf 벌주다, 퇴치하다, 막다

고대 이집트의 교훈서에는 부왕이 앞으로 자신의 뒤를 이어 왕위에 오를 왕세자에게 통치자로서 갖춰야 할 자질과 태도를 알려주는 제왕학 성격의 교훈서도 포함되어 있습니다.《메리카레 왕을 위한 교훈서》에서 부왕은 신중하게 처벌하는 것에 대한 경고를 잊지 않습니다. 잘못된 일에 대해서는 단호하게 처벌하는 것이 당연합니다만, 혹여 억울하게 징계받는 경우가 생겨서는 안 될 것입니다. 정작 문제를 유발한 혹은 책임을 방기한 당사자는 처벌받지 않고 지시에 따랐던 실무자들만 처벌받는 경우를 너무 자주 접하는 우리에게도 절실한 조언이 아닐 수 없습니다.

* 출처:《메리카레 왕을 위한 교훈서》p.H 1116A, 5.2

5-7

악행이 성공한 적은 한 번도 없었다.

ḏ3yt 잘못, 위반

mnj 정박하다

"위반하는 행위가 항구에 정박했던 경우는 한 번도 없었다."를 의역한 문장입니다. 여기서 "항구에 정박했다."는 말은 '항해를 무사히 마치고 목적지에 도착했다'는 뜻입니다. 도리에 맞지 않는 행위가 처음부터 끝까지 관철되는 경우는 없음을 강조하는 금언입니다. 언뜻 악행을 거리낌 없이 행하는 사람이 승승장구하는 것 같아도 모든 것은 사필귀정, 인과응보의 원칙에 따라 귀결되기 마련입니다. 이 금언을 마음에 새기고 조금 긴 호흡으로 희망을 가져보시는 것도 좋을 것 같네요.

* 출처: 《프타호텝의 교훈》 p.Prisse, 93.

5-8

심장이 탐욕스러운 사람에게는
무덤이 없을 것이다.

jz 무덤

고대 이집트인이 상대에게 할 수 있는 최악의 저주는 "자식이 없을 것이다!"와 "무덤이 없을 것이다!"였습니다. 이집트 같은 농경사회에서 자식은 노년을 책임지는 한편, 죽음 이후 나의 사회적 기억을 유지시켜주는 존재였습니다. 한편 무덤은 내 시신이 안전하게 보호받을 수 있는 장소였을 뿐만 아니라 영생을 부여받은 혼이 머물고 생활하는 거처였습니다. 이처럼 이집트인들에게 무덤은 단순한 매장지 이상의 중요한 의미가 있었습니다. 이 저주를 통해 이들이 탐욕을 얼마나 경계했는지 알 수 있습니다.

* 출처: 《프타호텝의 교훈》 p.Prisse, 315.

5-9

친한 친구는 고난이 있을 때 불러 온다.

3qw 파탄, 고난

"필요할 때 친구가 진정한 친구다."라는 격언의 이집트식 표현이라 할 수 있습니다. 여기서 '진정한 친구'로 번역된 단어는 "(마음대로) 드나드는 사람들"입니다. 내 집을 제 집처럼 드나드는 사람들은 그만큼 허물없이 교제하는 이웃, 나의 성품과 사정을 누구보다 잘 알던 사람들이었을 것입니다. 정말 위급한 일이 생겼을 때 진정 믿고 의지할 수 있는 사람들도 바로 이들입니다. 무조건 내 편이 되어주는 친구만큼 든든한 존재도 없겠습니다. 이 금언을 계기로 주변에 언제나 내 편이 되어줄 수 있는 소중한 사람들이 얼마나 있는지 한번 헤아려보는 것도 좋겠습니다.

* 출처: 《프타호텝의 교훈》 p.Prisse, 349.

5-10

그대는 살아서 떠나갔다.
죽어서 떠나간 것이 아니다.

šm 가다, 떠나다

짧지 않은 생애를 뒤돌아보며 완벽한 삶을 살았다고 자부할 사람이 몇이나 될까요? 모두 이런저런 실수와 놓쳤던 기회 그리고 실현되지 못한 가능성을 떠올리며 아쉬워할 것이 분명합니다. 이런 우리에게 고대 이집트의 장례 문서 중 하나인 《코핀 텍스트》는 이렇게 위로합니다. 학자들은 이것이 죽음을 부정하는 심리학적 기제라고 보지만, 저는 다른 해석도 가능하다고 생각합니다. "인생은 패자부활전이 아니라 연장전"이라는 말도 있습니다만, 내게 주어진 삶을 마무리하는 시점에서 누군가 이렇게 말해준다면 정말 큰 위로가 아닐까 하는 생각이 듭니다. 필사 노트의 마무리로도 좋은 문구이기도 하고요.

* 출처: 《코핀 텍스트》 CT I, 187e.

부록.

고대 이집트의 신비한 문자

1. 상형문자란 무엇인가

우리에게 이집트 상형문자라고 알려진 문자는 전문용어로 '성각문자聖刻文字; hieroglyph'라고 합니다. 이 용어는 고대 그리스어 형용사인 '히에로글리피코스ἱερογλυφικός; hieroglyphikos'에서 파생된 후기 라틴어 '히에로글리피쿠스 hieroglyphicus'를 한자로 직역한 것입니다. 히에로글리피코스는 '신성하다'를 뜻하는 '히에로스ἱερός; hierós'와 '새기다'를 뜻하는 '글뤼포γλύφω; glýphō'를 합친 말로, '새겨진 신성한 (것)'을 의미하지요.

성각문자를 읽을 때 현대 이집트학자들은 알파벳 자모에 기반한 음역音譯; transliteration 기호를 사용합니다. 자음만을 표기하는 고대 히브리어나 현대 아랍어와 마찬가지로 성각문자 역시 자음만 표기되었습니다. 고대 이집트어의 마지막 단계인 콥트어 이전에는 모음이 표시되지 않았기 때문에, 현대의 학자들이 성각문자 텍스트에서 복원해낼 수 있는 음가는 자음뿐입니다. 아울러 현재 통용되는 음역은 모두 고대 이집트어 발음의 근사값입니다.

중기 이집트어(Middle Egyptian, 기원전 2100~기원전 1600년경)의 음역에 사용되는 기호는 다음과 같습니다(Allen, 2010: 15~17). 이하의 음역 해설은 이집트학에서 통용되는 고유의 순서에 따랐습니다.

성각문자	음역	뜻	성각문자	음역	뜻
𓂝	*ꜥ*	팔	𓈖	*n*	물결
𓄿	*ꜣ*	독수리	𓊪	*p*	걸상
𓃀	*b*	다리	𓈎	*q*	모래 언덕
𓂧	*d*	손	𓂋	*r*	입
𓆓	*ḏ*	코브라	𓋴	*s*	얇은 천
𓆑	*f*	뿔 달린 살무사	𓈙	*š*	웅덩이
𓎼	*g*	토기 받침대	𓏏	*t*	빵 한 덩이
𓉔	*h*	오두막	𓍿	*ṯ*	밧줄
𓎛	*ḥ*	심지	𓅱	*w*	새끼 메추라기
𓇋	*j*	갈대	𓐍	*ḫ*	태반 또는 체
𓎡	*k*	바구니	𓄡	*ẖ*	동물의 배
𓃭	*l*	사자	𓊃	*z*	빗장
𓅓	*m*	올빼미			

ꜣ

이집트 독수리를 묘사한 문자입니다. 이집트학에서는 '알레프aleph'라고 부릅니다. 음가는 [l]이나 [r]에 가까웠던 것으로 추정됩니다. 중왕국 시대(기원전 2055~기원전 1650년) 무렵 구어에서는 원래 음가가 사라졌을 것으로 보입니다. 이때부터는 음가를 상실한 약자음을 표기하는 데 사용되었습니다. 이런 용법으로 사용되었던 알레프의 음가는 영어의 'uh-oh'를 발음할 때 중간에 목이 잠깐 막혔을 때와 유사했을 테지만, 일반적으로는 '아'로 발음합니다.

j

갈대를 묘사한 문자입니다. 특별히 고유한 음가를 가지지 않고 해당 음절이 모음으로 시작하거나 끝난다는 것을 알려주는 역할을 했던 것으로 보입니다. 단어의 맨 앞이나 모음과 같이 나올 때에는 '이'로 발음합니다. 자음이 앞에 있으면 자음의 음가와 '이'를 같이 발음하면 됩니다.

ꜥ

사람의 팔을 문자화한 것입니다. '아인ayin'이라고 부르는데요. 히브리어나 아랍어의 ع아인에 해당합니다. 원래는 ㄷ과 비슷한 음가였을 것으로 추정됩니다만, 중왕국 시대부터 고유의 음가를 상실했습니다. 알레프와 마찬가지로 '아'로 발음합니다.

w

새끼 메추라기를 재현한 문자입니다. 발음은 '우'에 가깝습니다. 모음처럼 발음되지만 영어의 'w'와 마찬가지로 반자음입니다.

b

무릎 아래의 다리를 문자로 표현한 것입니다. 'ㅂ'과 거의 같은 음가라고 할 수 있습니다.

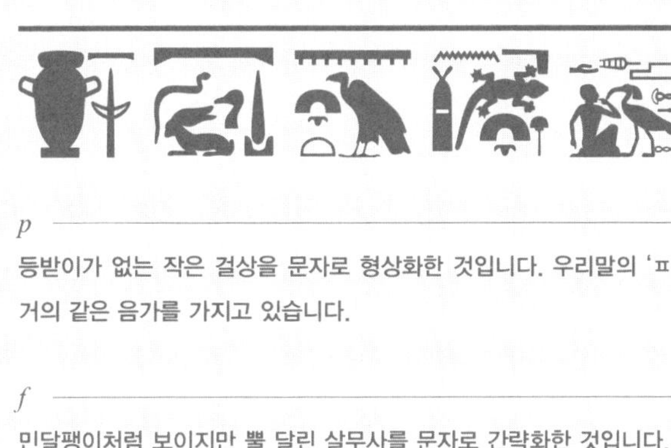

p

등받이가 없는 작은 걸상을 문자로 형상화한 것입니다. 우리말의 'ㅍ'과 거의 같은 음가를 가지고 있습니다.

f

민달팽이처럼 보이지만 뿔 달린 살무사를 문자로 간략화한 것입니다. 영어의 [f]와 거의 같은 음가를 가지고 있습니다. 우리말에는 없는 음가이므로 'ㅍ'과 같이 발음하면 됩니다.

m

올빼미를 묘사한 문자입니다. 'ㅁ'과 같은 발음으로 보면 됩니다.

n

수면에 이는 물결을 문자화한 것입니다. 'ㄴ'으로 발음하면 됩니다.

r

정면에서 본 사람의 입을 묘사한 것입니다. 음가는 영어의 [r]에 가깝습니다만, 우리말로는 'ㄹ'로 발음하면 됩니다.

h

입구와 방으로 구성된 오두막을 위에서 바라본 모습을 문자화한 것입니다. 우리말의 'ㅎ'과 유사한 음가인데요. 목에서부터 공기가 아무런 저항 없이 입 밖으로 흘러 나가게 했을 때의 'ㅎ'에 가장 가까운 발음입니다.

ḥ

아마 실을 꼬아 만든 등잔의 심지를 묘사한 문자입니다. 음역을 할 때는 알파벳 'h' 아래에 점이 찍혀 있는 기호로 표시하며, '두 번째 h'라고 부릅니다. '첫 번째 h'보다 강한 느낌이 나는 'ㅎ'이라 할 수 있는데요. 우리가 유리를 닦을 때 "하~"하고 입김을 불 때 내는 소리와 유사합니다.

ḫ

이 문자가 정확하게 무엇을 묘사하는지는 모릅니다. 초기 학자들은 이것이 '태반胎盤'일 것이라고 추정했습니다. 반면, 이것을 '체'로 보는 의견도 있습니다. 히브리어나 아랍어의 자음 غ ghayin; 가인과 유사한 음가를 가지는데요. 우리말로 발음할 때는 '크흐'를 동시에 발음하는 기분으로 읽으면 됩니다. 알파벳 'h' 아래에 반달 기호가 붙은 모양을 하고 있으며 '세 번째 h'라고 부릅니다.

ẖ

젖꼭지와 꼬리가 달린 동물의 배 부분을 문자화한 것입니다. 알파벳 'h' 아래에 밑줄을 그어 표기하는데요. 예상대로 '네 번째 h'라고 부릅니다. 음역 기호 아래의 밑줄은 이 문자가 구개음화 되었다는 것을 의미합니다. 두 번째 h의 '크흐'에 모음 '여'를 동시에 발음할 때와 가까운 음가였을 것으로 보입니다. 첫 번째 h와는 반대로 공기가 목에서 입으로 빠져나올 때 혀와 입천장 사이의 좁은 통로를 지나면서 가장 많은 저항을 받는 발음입니다.

s

얇은 천을 반으로 걸쳐놓은 것을 정면에서 본 모습을 문자화한 것입니다. 'ㅅ'과 같은 발음입니다.

z

잠긴 빗장을 정면에서 본 모습을 문자화한 것입니다. 영어의 [z]에 가장 가까운 음가입니다. 우리말로는 'ㅈ' 정도로 발음하면 됩니다. 중왕국 시대부터는 앞의 'ㅅ'과 'ㅈ'이 서로 교체되어 사용되었습니다. 이런 이유 때문에 이 두 문자의 음가를 모두 'ㅅ'으로 보는 학자들도 있습니다.

š

물이 고인 직사각형의 웅덩이를 묘사한 문자입니다. 영어의 [ʃ]에 해당하는 음가이며 우리말로는 '쉬'에 가장 가깝습니다.

q

모래 언덕을 문자로 만든 것입니다. 히브리어나 아랍어의 ق qoph; 코프에 해당하며 영어의 [q]에 해당하는 음가입니다. 우리말로는 'ㄲ' 정도로 발음하면 됩니다.

k

손잡이가 달린 바구니를 묘사한 문자입니다. 우리말의 'ㅋ'에 해당하는 음가를 가지고 있습니다.

g

바닥이 뾰족한 토기를 세워두는 데 사용했던 받침대를 문자로 형상화한 것입니다. 'ㄱ'과 같은 음가였을 것으로 보입니다.

t

둥글게 부풀어 오른 빵을 옆에서 본 모습을 문자화한 것입니다. 'ㅌ'과 비슷한 음가로 추정됩니다.

ṯ

동물을 묶는 밧줄을 묘사한 문자입니다. 앞서 살펴본 네 번째 h와 마찬가지로 구개음화가 이뤄졌습니다. 영어의 [ʧ]에 해당하는 음가이기 때문에 우리말로는 '취'로 발음하는 것이 가장 무난합니다.

d

손목에서 손가락 끝까지를 묘사한 문자입니다. 'ㄷ'으로 발음하면 됩니다. 학자에 따라서는 'ㄸ'이 아니었을까 추정하고 있습니다.

ḏ

성각문자 중 알파벳처럼 사용될 수 있는 1자음문자 중 마지막 문자입니다. 코브라가 곧추선 모습을 옆에서 본 형태인데요. 구개음화가 이뤄진 세 번째 문자입니다. 발음은 '쥐'에 가깝습니다.

l

고대 이집트어에는 원래 [l]에 해당하는 음가가 없었습니다. 이집트의 서기관은 [l]을 표기하기 위해 독수리*ꜣ*와 수면에 이는 물결*n*을 같이 사용했습니다. 그러다 그리스 지배기(기원전 332~기원전 30년)에 이르러 그리스어 람다Λ를 표기하는 데 사자를 묘사한 기호가 사용되기 시작했습니다.

앞서 언급한 것처럼 모음은 고대 이집트어에서 표기되지 않았기 때문에, 오늘날 학자들은 자음이 두 개 이상 연속해서 나오는 경우에는 가상의 단모음 '에'를 넣어서 읽습니다. 하지만 모음처럼 발음될 수 있는 약자음 '아', '이', '우' 등이 올 때는 단모음 '에'를 넣지 않고 이들 약자음을 모음처럼 읽습니다.

중기 이집트어의 자전적 기록에서 발췌한 짧은 문장 *jnk sḏmw r wn mꜣꜥ tm dj nmꜥ n nb ḏbꜣw* "나는 금전을 지불할 수 있는 사람에게 편파적이지 않은 올바른 판관이다."의 음역을 지금까지 설명한 관례에 따라 읽으면 다음과 같습니다(Sethe, 2003: 79).

jnk	*sḏmw*	*r*	*wn*	*mꜣꜥ*	*tm*	*dj*	*nmꜥ*	*n*	*nb*	*ḏbꜣw*
EE-nek	*SEJ-em-oo*	*er*	*wen*	*MAH-ah*	*tem*	*dee*	*NEM-ah*	*en*	*neb*	*jeb-AH-oo*
이네크	세젬우	에르	웬	마아	템	디	네마	엔	넵	제바우

참고자료

Allen, James P., *Middle Egyptian: An Introduction to the Language and Culture of Hieroglyphs*, Cambridge: Cambridge University Press, 2010.

Sethe, Kurt, *Ägyptische Lesestücke: Erläuterungen zu den ägyptischen Lesestücken*, Hildesheim: Georg Olms Verlag, 2003.

2. 이름 써보기

성각문자를 알면 이름도 써볼 수 있습니다. 그러나 성각문자로 정확하게 쓸 수 있는 우리말 이름은 그렇게 많지 않습니다. 성각문자로 표기할 수 있는 음가와 우리말 자모가 일대일 대응하지 않는 경우가 더 많기 때문입니다. 따라서 우리가 알 수 있는 것은 우리말 이름 중 자음을 성각문자의 자음과 맞춰보고 각각의 글자에 대응하는 음을 성각문자로 표현하는 정도겠습니다. 다소 아쉽지만 성각문자를 동원해 최대한 유사하게 표현하는 것도 재미있을 것 같습니다. 성각문자를 조합해 '김휴먼'이라는 이름을 써보면 다음과 같습니다(우리말 성 '김'은 *km*에 대응하는 성각문자와 '올빼미'를 묘사한 성각문자를 결합해 표기합니다. *km* 대응 문자는 '악어 가죽'을 묘사한 것이에요).

김휴먼

kim hu man

이런 방식이면 우리도 각자의 이름을 성각문자로 써볼 수 있겠죠? 이름을 성각문자로 써서 노트에, 책에, 명함에 넣어보세요. 평범한 사물에 신비한 힘이 깃드는 기분을 느끼실 수 있을 겁니다.

979-11-7087-256-6(03930)
값 15,000원